SOMMAIRE

1 DÉFINITION ET OBJECTIFS DU CONTRÔLE DE GESTION

▶ Rôle, axes et outils

- Système d'informations fournissant des outils d'aide à la décision et permettant :
  - le calcul et la maîtrise des coûts ;
  - le contrôle et le suivi de l'activité ;
  - la mesure des performances ;
  - le pilotage en continu de l'organisation.

- Le contrôle de gestion sert à la prise de décisions stratégiques (long terme). Il permet également la transformation et l'application de ces décisions à moyen (gestion tactique) et court terme (gestion opérationnelle).

- S'articule autour de trois axes :

Axes	Principaux outils
Calcul de coûts	• Méthode des centres d'analyse (coûts complets) • Méthode ABC (coûts à base d'activités) • Coûts partiels : distinction des charges en fonction de leur comportement (fixe ou variable, direct ou indirect) • Coût marginal • Imputation rationnelle des charges fixes
Gestion budgétaire	• Budgets et documents prévisionnels • Coûts préétablis • Calculs d'écarts et suivi
Pilotage de la performance	• Contrôle budgétaire • Tableaux de bord • Reporting • Prix de cessions internes • Coûts cibles

- Le contrôle de gestion prend principalement appui sur la comptabilité analytique ou de gestion.

Compte tenu de son rôle et de ses axes, le contrôle de gestion est une discipline beaucoup plus large que la comptabilité analytique (ou de gestion) dont les fonctions sont :
– d'analyser les résultats par le calcul de coûts
– de fournir des évaluations à la comptabilité financière (stocks par exemple)

▶ Comptabilité de gestion et comptabilité financière

Liens avec la comptabilité financière	Différences avec la comptabilité financière
• Prend appui sur la comptabilité financière • Analyse complémentaire permettant de valoriser des éléments des documents de synthèse comme les stocks ou la production immobilisée	• Analyse facultative • S'intéresse au fonctionnement interne de l'entreprise et non aux flux externes • Permet d'expliquer la contribution de chaque produit à la formation du résultat global

Apports de la comptabilité de gestion

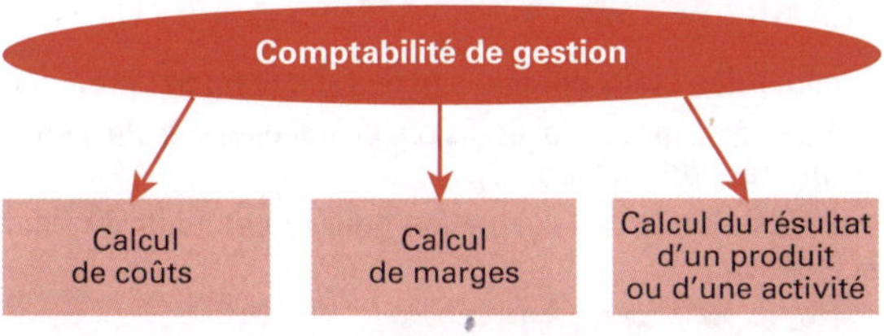

Éléments	Composantes
Coûts	• **Principaux coûts:** – **le coût complet**: comprend l'ensemble des coûts d'un produit de la phase d'approvisionnement en matières premières à la commercialisation du produit fini; – **le coût variable**: ne comprend que les charges liées à un produit qui varient avec l'activité; – **le coût fixe**: regroupe les charges n'évoluant pas avec l'activité. • **Deux grandes méthodes:** – **la méthode du coût complet**: permet de déterminer un prix de vente minimum pour un produit; – **la méthode des coûts partiels**: fait intervenir les coûts variables et fixes pour déterminer le seuil de rentabilité. ***Remarque**: le seuil de rentabilité correspond au chiffre d'affaires pour lequel l'entreprise ne réalise ni bénéfice, ni perte*
Marges	• **Marge = Prix de vente – Coût** • Constituent des indicateurs de gestion ou de performance pour le service responsable du coût concerné (ex: marge sur coût d'achat pour le service des achats…) • Sert principalement dans la méthode des coûts partiels
Résultat par produit	• Résultat = Prix de vente du produit – Coût de revient • Mesure la contribution d'un produit au résultat global de l'entreprise

Base fondamentale de calcul du coût complet d'un produit en l'absence de stock

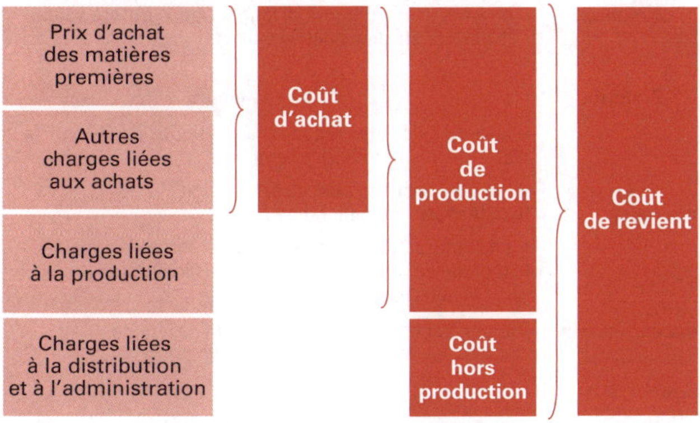

2 LE MODÈLE DES CENTRES D'ANALYSE

▶ Objet du modèle

- Déterminer des coûts complets et des résultats par produits.
- Contribuer à la prise de décision et au pilotage de l'entreprise (ex: prix par rapport au marché).
- Fournir des éléments d'évaluation pour la comptabilité financière (ex: les stocks).

▶ Identification des charges et des produits à prendre en compte

La période de calcul des coûts (mois, trimestre) influence le montant des charges et des produits retenus et requiert l'usage d'un prorata:

Charges ou produits annuels × prorata
(ex: 1/12 si calcul mensuel des coûts)

Charges par nature (comptabilité financière)
– Charges non incorporables
+ Éléments supplétifs
= **Charges incorporables (en comptabilité de gestion)**

Charges non incorporables ***À déduire***	• Charges exceptionnelles (ex: pénalités, dotations aux provisions réglementées) et autres charges sans rapport avec l'activité courante de l'entreprise. • Différences entre: – les charges réelles (ex: électricité, assurance, intérêts d'emprunts) et les charges abonnées correspondantes pour la période de calcul des coûts; – les charges calculées et les **charges d'usage** (dotations aux amortissements) et **étalées** (dotations aux provisions) correspondantes pour la période de calcul des coûts.
Éléments supplétifs ***À ajouter***	• Charges absentes de la comptabilité générale: – rémunération de l'exploitant; – rémunération théorique des capitaux propres (capitaux propres × taux d'intérêt à long terme × prorata selon la périodicité du calcul de coûts).

Produits	Prise en compte
courants	• Lors du calcul des résultats analytiques (ex: le chiffre d'affaires d'un produit). *Voir fiche 3* • Lors du calcul du coût de production (ex: déchets revendus). *Voir fiche 3* • En soustraction des charges incorporables dans le tableau de répartition des charges indirectes (ex: certains produits financiers)
exceptionnels	Aucune car ils sont exclus du calcul des coûts

REMARQUE

Certains produits courants peuvent également être exclus du calcul des coûts.

Traitement des charges directes et des charges indirectes

Charges		Traitement
directes	=	Affectation à un coût
indirectes	=	Imputation à un coût après répartition

Par simplification, certaines charges directes peuvent être traitées en charges indirectes (frais accessoires d'achat, fournitures consommables…).

Centres d'analyse et décomposition

- Un centre d'analyse est une division comptable réelle ou théorique de l'entreprise.
- Il regroupe des charges indirectes ayant un comportement homogène par rapport à une unité de mesure de l'activité du centre :

Centre	Unité de mesure	
opérationnel (ex : approvisionnement, production…)	physique	Unité d'œuvre (ex : kg, kW, m², HMOD, HMA…)
de structure (ex : administration…)	financière	Taux de frais (ex : CA, CPPFV…)

- L'unité de mesure permet d'imputer une fraction des charges d'un centre à un coût du produit.

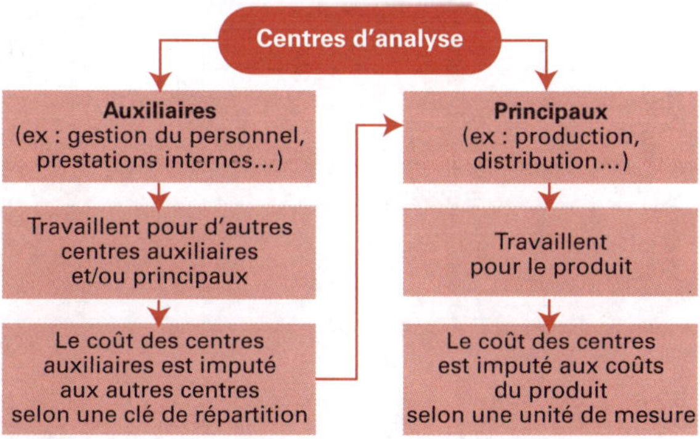

Répartitions primaire (RP), secondaire (RS), coût des unités d'œuvre (UO) et des taux de frais (TF)

- Les répartitions et le calcul du coût des UO/TF s'effectuent dans un tableau : modèle ci-après (pour l'imputation rationnelle des charges fixes, *voir fiche 7*).

Mise en équation en cas de **prestations réciproques** entre les centres auxiliaires lors de la RS.
Exemple : le centre auxiliaire prestations internes (X) travaille à 20 % pour le centre auxiliaire gestion du personnel (Y) et ce dernier à 10 % pour celui des prestations internes, soit :

$$\begin{cases} \text{Total RP de X} + 10\,\%\text{ de Y} = \text{Total X à répartir pour la RS} \\ \text{Total RP de Y} + 20\,\%\text{ de X} = \text{Total Y à répartir pour la RS} \end{cases}$$

Charges incorporables	Montant	Centres auxiliaires		Centres principaux				
		Prestations centres [PC]	Gestion moyens [GM]	Approvisionnement	Production	Conditionnement	Distribution	Administration
Matières consommables		**Répartition primaire :** répartition des charges incorporables entre les centres selon des clés exprimées en fraction ou en pourcentage par exemple						
Services extérieurs								
Impôts et taxes								
Charges de personnel								
Charges financières								
Dotations aux amortissements								
Totaux Répartition primaire	Total	Total PC	Total GM	**Total**	**Total**	**Total**	Total	Total
Centre Prestations	0	– Total PC		Répartition secondaire : répartition du total des centres auxiliaires entre les centres principaux selon des clés				
Centres Gestion	0		– Total GM					
Totaux Répartition secondaire	Total	0	0	**Total**	**Total**	**Total**	Total	Total
Nature UO ou TF				Kg	HMOD	HMA	100 € de CA	CPPFV
Quantité UO ou TF								
Coûts UO ou TF (arrondi si nécessaire)				Pour chaque centre : **Total après répartition secondaire/quantité d'UO ou TF**				

- En cas d'hésitation entre plusieurs clés (RP ou RS) et/ou de plusieurs UO/TF, il faut mener des **études statistiques** afin de choisir les plus représentatives (ex : coefficient de corrélation le plus proche de 1).

▶ Des charges à la cascade des coûts

La détermination des coûts de revient suppose une bonne connaissance du processus et sa matérialisation sous forme de schéma :

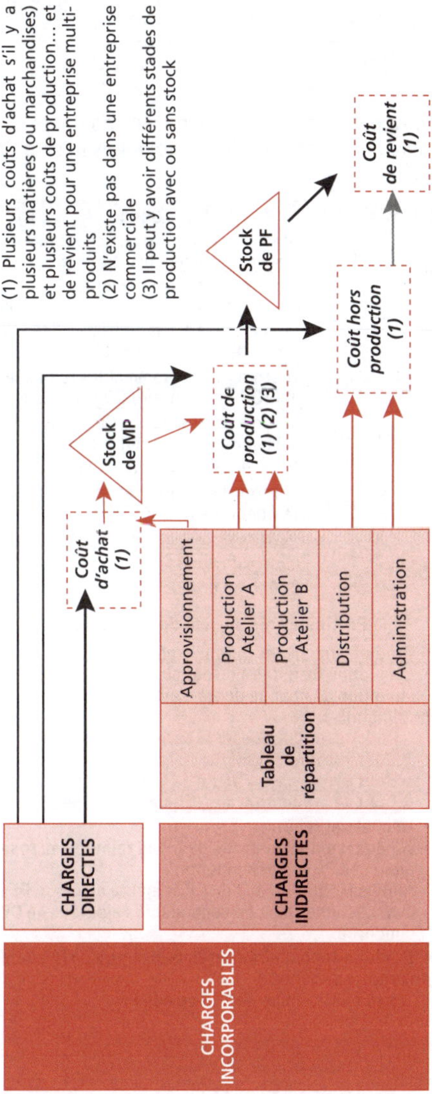

▶ Calcul des coûts et particularités

Modèle général de calcul des coûts :

Coût d'achat Matière A
ou Coût de production Produit 1 ou…

Éléments	Qtés	CU	Montant
Coût…	Selon les coûts (voir tableau suivant)		
Charges directes	Selon analyse des charges		
Charges indirectes			
Coût…			

Le **coût unitaire** est obtenu par addition des montants et par division avec la quantité concernée (kg de MP achetées pour le CAH, nombre de PF fabriqués pour le CP…).

Coût	Calcul	
Achat (CAH)	CD	Qtés achetées × Prix d'achat unitaire net HT Frais accessoires (ex : transport)
	CIND	Centre approvisionnement : UO achetées (souvent les qtés) × Coût UO
Production (CP)	Coût	**Coût d'achat des matières utilisées pour la production des produits (sortie de stock)**
	CD	Fournitures consommables (stockées ou non) et MOD (taux horaire CS comprises)
	CIND	Centres de production (les ateliers) : UO concernées × Coût UO
Hors production (CHP)	CD	Main-d'œuvre directe, publicité…
	CIND	Centres distribution et administration : TF concernés × Coût TF
Revient (CR)	Coût	**Coût de production des produits finis vendus (sortie de stock)**
	Coût	Coût hors production

Particularités du coût de production

En-cours	• Produits inachevés durant la période • Évaluation forfaitaire ou par composantes (matières, MOD…) en fonction de chaque degré d'avancement par rapport au produit fini **Coût de production de la période** **+ Coût des en-cours initiaux (période précédente)** **– Coût des en-cours de fin de période** **= Coût de production des PF dans la période**
Produits résiduels (PR)	• Déchets et rebuts : – vendus : vente soustraite du CP ou rajoutée au résultat analytique des PF correspondants ; – réutilisés : coût déduit du CP et ajouté au CP du PF concerné ; – évacués : charges correspondantes ajoutées au CP du PF concerné.
Sous-produits	• Produits secondaires obtenus au cours de la fabrication du produit principal • Traitement comme des PR ou des PF

▶ Valorisation des stocks *(voir fiche 4)*

EXEMPLE DE CALCUL D'UN COÛT

• Une entreprise fabrique trois produits (X, Y et Z) selon un processus similaire.

• En mars N, l'entreprise a acheté 12 000 kg de matières premières à 8 € le kg. Le coût d'achat est de 12,20 € portant ainsi le CMP à 11,80 €. La production de mars N du produit Z de 2 600 unités a consommé 3 200 kg.

• La production de mars N a nécessité 1600 h de main-d'œuvre directe au coût horaire de 34,40 €. Le total des factures d'évacuation des déchets pour la période (transport, taxes…) s'élève à 632 €.

• Extrait du tableau de répartition des charges indirectes de mars N :

Centres	Découpe	Usinage	Finition
Total RS	26 000	33 360	103 110
Nature UO	HMA	HMA	HMOD
Nombre UO	8000	6000	7000
Coût UO	3,25	5,56	14,73

• La fabrication d'un produit Z nécessite 1 h de machine dans l'atelier coupe et 1,25 h dans l'atelier assemblage.

Coût de production du produit Z pour mars N

Éléments	Qtés	CU	Montant
Coût des MP consommées	3200	11,80	37760
Charges directes : – main-d'œuvre ; – évacuation déchets.	 1600 -	 34,40 -	 55040 632
Charges indirectes : – découpe ; – usinage ; – finition.	 2600 3250 1600	 3,25 5,56 14,73	 8450 18070 23568
Coût de production	2600	55,20	143520

Résultat analytique et concordance avec la comptabilité financière

• Les résultats analytiques sont obtenus par différence entre les chiffres d'affaires et les coûts de revient de chaque produit.
• La concordance consiste à rapprocher le résultat analytique total de celui de la comptabilité financière.

	Résultat analytique global (Σ des résultats analytiques)
+	Différences d'incorporation sur produits (ex : produits exceptionnels non pris en compte)
–	Malis d'inventaire (minoration de la consommation de matières ou de produits)
+	Bonis d'inventaire (majoration de la consommation de matières ou de produits)
+	Éléments supplétifs (majoration des charges)
+/–	Différences d'arrondis (arrondis des UO/TF)
–	Différence d'incorporation sur charges (charges exceptionnelles non incorporables, charges abonnées…)
=	Résultat de la comptabilité financière

Limites des coûts complets

• Poids de plus en plus important des charges indirectes compte tenu de l'évolution productive des entreprises (multi-produits et processus) couplé à un certain arbitraire dans leur répartition.
• Non-intégration des dépenses préalables à la fabrication du produit (ex : dépenses de R & D).
• Système d'information parfois lourd ne permettant pas de prendre des décisions d'abandon de production ; *voir fiches 5 et 6*.

LES COÛTS COMPLETS ET LES STOCKS

Inventaires et concordance

- Sauf production à la commande, il existe différents stocks au cours du processus de production (matières premières, emballages, produits finis) dont les règles sont identiques.
- **L'inventaire est une organisation des stocks permettant de suivre les mouvements (entrées, sorties) les affectant :**

Inventaire	Définition
Permanent	Permet de connaître à tout moment les stocks (valeur et quantité) et de déterminer un **stock final théorique**
Intermittent	Obligatoire en comptabilité financière au moins une fois tous les 12 mois sauf exception. Il permet de déterminer un **stock final réel**

- Les **différences quantitatives** d'inventaire entre les stocks réels et théoriques (vols, destructions et erreurs) sont traitées lors du rapprochement des résultats analytique et financier :

Mali si Stock final réel < Stock final théorique
Boni si Stock final réel > Stock final théorique

Modèle général de compte de stock

Stock de matières, de marchandises ou de produits

Nat	Qtés	CU	Mt	Nat	Qtés	CU	Mt
Stock initial	Stock final de la période précédente			**Sorties**	• Fonction du mode de valorisation retenu : CMP, CMPE, PEPS, coûts préétablis (*voir fiche 15*) • Les autres méthodes (ex : DEPS) ne sont pas autorisées		
Entrées	Valorisation au **coût d'achat** (matières, marchandises) ou **de production** (produits de la période)			**Stock final**			
Total	SI + Entrées			**Total**	Sorties + SF		

Par principe, en quantité et en valeur :

Stock initial + Entrées = Sorties + Stock final

Valorisation des sorties, du stock final et limites

Méthode	Fonctionnement et limites	
Coût moyen pondéré	**CMP =**	$\frac{\text{SI + Entrées (en valeur)}}{\text{SI + Entrées (en qtés)}}$
	Nécessite d'attendre la fin de la période pour valoriser les sorties	
Coût moyen pondéré après chaque entrée	**CMPE =**	À chaque entrée, un nouveau CMP est calculé selon les quantités restantes et entrées
	Répond aux exigences de l'inventaire permanent mais peut s'avérer lourd	
Premier entré, premier sorti	**PEPS =**	Méthode dite d'épuisement des stocks : les sorties sont prélevées en commençant par les entrées les plus anciennes
	Simple mais ne permet pas de reporter rapidement les variations de coût ou de prix	

▶ Comportement général des charges

• Pour une structure et un niveau d'activité donnés :
– certaines charges sont **variables** (matières premières) et d'autres **fixes** (amortissements…) ;
– il existe des charges **semi-variables** qui doivent être décomposées (part variable et part fixe) pour être exploitées.

Charges	Autre appellation	Mode de variation
Variables	Charges opérationnelles	Proportionnelles aux quantités
Fixes	Charges de structure	Par paliers (changement de niveau d'activité)

• La détermination des charges variables, fixes et semi-variables nécessite des analyses techniques et mathématiques.

▶ Principes, représentations graphiques et finalités

• Les charges variables globales sont proportionnelles (croissantes) mais **le coût variable unitaire (cvu) est fixe.**
• Les charges de structure sont fixes mais **le coût fixe unitaire (cfu) est variable** (décroissant).

EXEMPLE
Avec un produit nécessitant 50 € de charges variables unitaires et 500 € de charges fixes totales :

Qtés	0	10	20	30	40	50
CV	0	500	1000	1500	2000	2500
CF	500	500	500	500	500	500
cvu	50	50	50	50	50	50
cfu	500	50	25	16,67	12,5	10

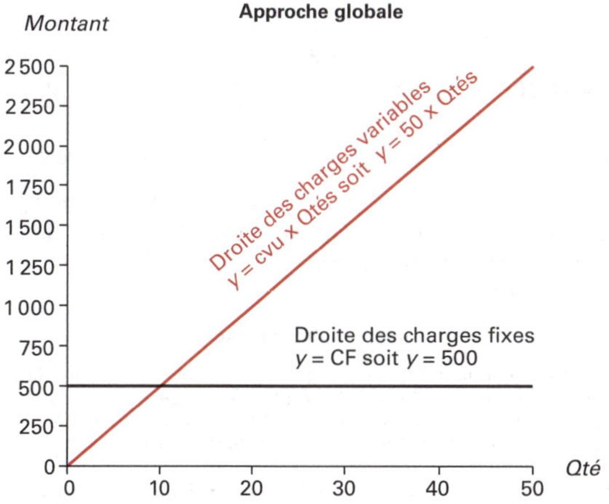

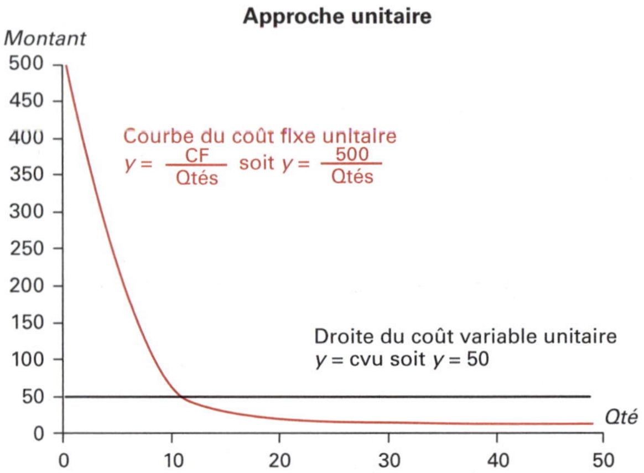

- La détermination des charges variables, fixes et semi-variables a pour finalités d'analyser les prévisions d'activité, de préparer les budgets et constitue la base de certains outils de gestion.

▶ Le coût variable

- Appelé aussi coût proportionnel (*direct costing*) il est fondé sur la distinction entre les charges variables et les charges fixes.

Charges	Variables	Fixes
directes	**Méthode du coût variable**	
indirectes		

- Il permet de dégager :
  - des marges sur coût variable par produits et une marge sur coût variable globale ;
  - des indicateurs de gestion comme le seuil de rentabilité (*voir fiche 6*).
- Le compte de résultat par variabilité :

Nature	P1	P2	P3	Total
CA	CA P1	CA P2	CA P3	Total CA
CV	CV P1	CV P2	CV P3	Total CV
CA – CV = MSCV	MSCV1	MSCV2	MSCV3	MSCV globale
Charges fixes				CF
Résultat				MSCV globale – CF

- Si la marge sur coût variable est positive (**MSCV > 0**), le produit contribue à la couverture des charges fixes. Inversement (**MSCV < 0**), la décision d'abandonner le produit peut être envisagée sous réserve des autres analyses.

Coût variable et stocks

- En comptabilité financière les charges fixes sont réparties entre la production vendue et la production stockée. Ainsi, les charges (débit du compte de résultat) liées aux produits qui n'ont pas encore été vendus sont annulées par la production stockée (crédit du compte de résultat). Le résultat est majoré de ce montant.
- Avec les coûts variables, les charges fixes sont supportées intégralement par la production vendue.
- Pour retrouver le résultat de la comptabilité financière, il faut rajouter le coût fixe de la variation de stock au résultat issu du compte de résultat par variabilité.

▶ Le coût spécifique

• Les charges fixes directes peuvent concerner un produit en particulier (ex: dotations aux amortissements des matériels exclusivement dédiés à la fabrication d'un produit).

• La méthode permet de dégager des **coûts spécifiques** et des **marges sur coût spécifique**. La marge sur coût spécifique totale a pour rôle de couvrir les charges de structure indirectes.

Charges fixes spécifiques (CFS)

Charges fixes communes (CFC)

Charges	Variables	Fixes
Directes	Méthode du coût spécifique	
Indirectes		

EXEMPLE DE COMPTE DE RÉSULTAT PAR VARIABILITÉ AVEC CHARGES FIXES SPÉCIFIQUES

Nature	P1	P2	P3	Total
CA	180000	400000	900000	1480000
CV	36000	120000	315000	471000
MSCV	144000	280000	585000	1009000
CFS	168000	110000	250000	528000
MSCS	– 24000	170000	335000	481000
CFC				315000
Résultat				166000

• Si la marge sur coût spécifique est positive (**MSCS > 0**) alors le produit contribue à la couverture des charges de structure communes. Inversement (**MSCS < 0**), la MSCV ne couvre pas les propres charges fixes du produit.

• L'abandon d'un produit dont la MSCS est < 0 (**cas du P1 dans l'exemple**) permet d'augmenter le résultat du montant des CFS non couvertes (**en abandonnant P1 le résultat serait de 190000 €**).

▶ Intérêts et limites des coûts partiels

• Ils autorisent la prise de décisions de développement, de maintien ou d'abandon de produit, d'activité ou de site de production.

Les décisions d'abandon ou de développement ne reposent pas uniquement sur les coûts partiels. D'autres analyses (image de marque, concurrence…) doivent être prises en compte.

• À la différence du coût complet, ils évitent la répartition souvent arbitraire des charges fixes.

• Ils favorisent les analyses et décisions à court terme mais ne permettent pas de fixer des prix.

• La méthode doit être adaptée à l'entreprise et au coût d'obtention de l'information. Enfin, toutes les charges ne sont jamais totalement fixes ou variables.

Il existe d'autres approches pour la méthode des coûts spécifiques. Parmi les coûts partiels, il existe aussi la méthode des **coûts directs** qui retient les charges directes variables et fixes qui peuvent être affectées sans ambiguïté à un produit.

Définition et calcul mathématique

• Le seuil de rentabilité (SR) est égal au chiffre d'affaires pour lequel l'entreprise couvre toutes ses charges (variables et fixes). À ce niveau, l'entreprise ne réaliserait ni bénéfice, ni perte.

• Les charges variables étant proportionnelles au chiffre d'affaires, le seuil de rentabilité correspond au montant des ventes pour lesquelles la marge sur coût variable couvre les charges fixes.

CA – CV – CF = 0 ou MSCV = CF

$$\text{SR (en valeur)} = \frac{\text{CF}}{\text{Taux MSCV}}$$

$$\text{Avec Tx MSCV} = \frac{(\text{CA}-\text{CV})}{\text{CA}}$$

Exemple: 120 000/0,6 = 200 000 € de SR. Ainsi, l'entreprise ne réaliserait ni bénéfice ni perte : 200 000 – (40 % × 200 000) – 120 000 = 0.

• Le SR peut aussi s'exprimer en quantité en divisant le SR en valeur par le prix de vente.

Détermination graphique

Il existe plusieurs possibilités :

- la droite de marge sur coût variable (y = Tx MSCV × CA) coupe la droite de charges fixes (y = CF) au seuil de rentabilité (voir exemple);
- la droite de résultat [y = (Tx MSCV × CA) – CF] coupe l'axe des abscisses au seuil de rentabilité;
- la droite de chiffre d'affaires (y = CA) coupe la droite de charges totales [y = (Tx CV × CA) + CF)] au seuil de rentabilité.

EXEMPLE

CA		0	50000	100000
CV	20 %	0	10000	20000
MSCV	**80 %**	**0**	**40000**	**80000**
CF		**40000**	**40000**	**40000**
Résultat		–40000	0	40000

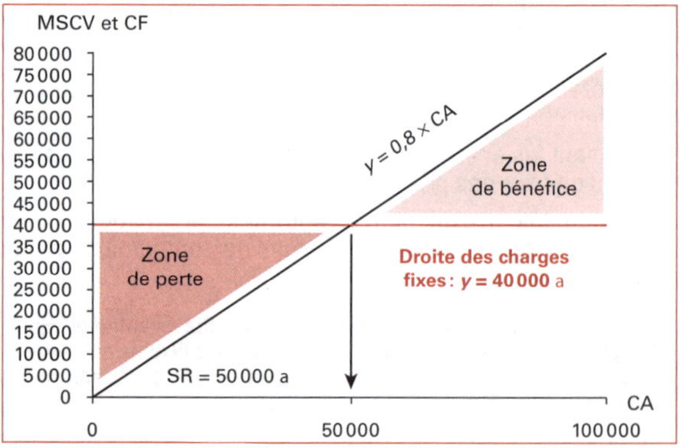

Modification des conditions d'exploitation en cours d'exercice
- Variation des CF et/ou du taux de MSCV
- Rechercher un nouveau SR mathématiquement (ex : cumul des MSCV jusqu'aux nouvelles CF) ou graphiquement (ex : en abscisse le temps ; en ordonnées les montants de MSCV/CF)
- La résolution graphique montre le déplacement du SR

Indicateurs associés

- Le **point mort** correspond à la date à laquelle le seuil de rentabilité est atteint dans l'année :

Activité	Calcul	Précisions
Régulière	$\frac{365 \times SR}{CA\ annuel}$	Obtention d'une date en jour par rapport au 1er jour de l'exercice
Saisonnière	• Cumul des CA de chaque période jusqu'au CA cumulé égal au seuil de rentabilité ou, • Cumul de la MSCV de chaque période jusqu'à ce que la MSCV cumulée soit égale aux CF • Peut se faire mathématiquement ou graphiquement • ***Exemple*** avec un SR de 169000 € : – CA cumulé au 30.09.N = 160000 € ; – CA cumulé au 31.10.N = 172000 € ; – point mort = 8 octobre N. $\frac{[(172000 - 169000) \times 31]}{(172000 - 160000)} = 7{,}75$ jours	

- La **marge de sécurité (MS)** :
– est égale au chiffre d'affaires qui peut être perdu ou supprimé sans mettre l'entreprise en perte ;
– se calcule par différence entre le CA annuel et le seuil de rentabilité : **MS = CA annuel – SR**.
- Le **levier opérationnel (LO)** :
– représente l'élasticité du résultat par rapport au chiffre d'affaires ;

$$LO = \frac{\Delta R/R}{\Delta CA/CA} \quad \text{ou} \quad \frac{MSCV}{R}$$

$$\Delta R = LO \times \Delta CA \quad \text{(avec } \Delta = \text{variation)}$$

– suppose un prix de vente et des conditions d'exploitation constants.

Exemple	Niveau 1	Niveau 2	Variation
CA	120000	132000	10 %
CV (30 %)	36000	39600	
MSCV	84000	92400	
CF	64000	64000	
Résultat	20000	28400	42 %
LO	• 42% / 10% = **4,2** (ou 84000/20000) • Une variation positive de 10 % du CA provoque une augmentation de 42 % du résultat (4,2 × 10) • 20000 × 42 % = 8400 et 28400 – 20000 = 8400		

Intérêts et limites du SR

Intérêts	Limites
• Analyse du passé et prévision du futur • Choix d'une structure de production (ex : celle qui a la plus grande MS)	• Outil de gestion et de décision à court terme • Outil complexe ou à combinaisons multiples s'il y a plusieurs produits

• Outil simple et accessible à des non gestionnaires (ex: nombre minimum de participants pour une sortie)	• La séparation CV/CF peut être arbitraire et la MSCV n'est pas strictement proportionnelle au CA

Seuil de rentabilité en avenir incertain

- On utilise généralement la loi normale (LN):
- loi continue, s'appliquant à de nombreuses variables aléatoires et souvent utilisée en gestion (ventes, stocks...);
- une variable aléatoire et continue (c'est-à-dire qui peut prendre toutes les valeurs d'un intervalle) ***x*** (le CA, un stock) suit une loi normale de moyenne ***m*** et d'écart type σ:

$$x \rightarrow LN(m; \sigma)$$

- loi définie par une fonction (de répartition ou de densité) assez complexe aussi on utilise la table de la loi normale centrée réduite après avoir fait un changement de variable;

$$t \rightarrow LN(0,1) \text{ avec } t = \frac{x-m}{s}$$

- la fonction de répartition donne la probabilité cumulée pour $t < t_i$ et celle de densité pour $t = t_i$.
- Propriétés:

Probabilité ($t > t_i$)	=	**1 – Probabilité ($t < t_i$)**
Probabilité ($t > -t_i$)	=	**Probabilité ($t < t_i$)**

EXEMPLE

Le SR d'une entreprise est de 350 000 € et le CA ⇒ LN (415 100 ; 70 000). On cherche la probabilité que (CA > SR):
- soit $t = (350\,000 - 415\,100) / 70\,000 = -0{,}93$; on cherche maintenant Prob $t > -0{,}93$;
- compte tenu des propriétés de la loi normale: Prob $t > -0{,}93$ = Prob $t < 0{,}93$ soit 0,8238;
- il y a donc 82,38 % de chances que le seuil de rentabilité soit atteint.

Fonction de répartition de la loi normale centrée réduite

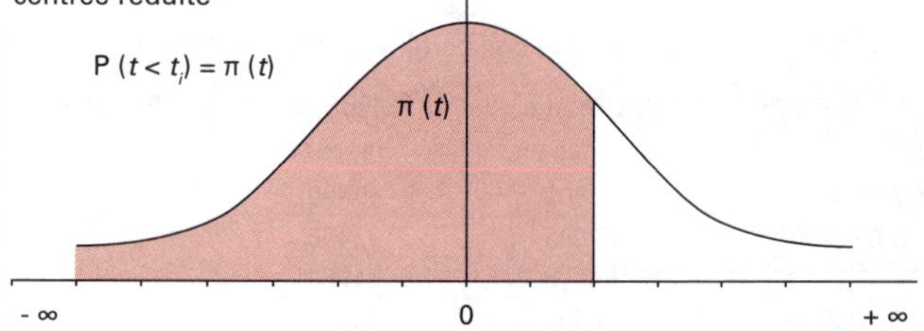

t	0,0	0,01	0,02	0,03	0,04	0,05	0,09
0,0	0,5000	0,5040	0,5080	0,5120	0,5160	0,5199	0,5359
0,1	0,5398	0,5438	0,5478	0,5517	0,5557	0,5596	0,5753
0,8	0,7881	0,7910	0,7939	0,7967	0,7995	0,8023	0,8133
0,9	0,8159	0,8186	0,8212	0,8238	0,8254	0,8289	0,8389
1,0	0,8413	0,8438	0,8461	0,8485	0,8508	0,8531	0,8621

- Pour les variables aléatoires discrètes qui ne peuvent prendre que certaines valeurs, il faut soit reconstituer empiriquement la fonction suivie, soit utiliser d'autres lois (loi de Poisson, loi binomiale).

L'IMPUTATION RATIONNELLE DES CHARGES FIXES

Principe et objectifs

• Les coûts unitaires diminuent lorsque les quantités augmentent et inversement car certaines charges sont fixes; *voir fiche 5.*

• L'imputation rationnelle permet d'éliminer les variations d'activité sur les coûts et:
- de toujours imputer la même proportion de charges fixes quelles que soient les quantités;
- de ne plus influencer le coût de revient et de pouvoir analyser les autres causes de ses fluctuations éventuelles;
- de valoriser les stocks conformément aux exigences du PCG (exclusion de la sous-activité).

Méthode

L'imputation des charges fixes s'effectue selon le **coefficient d'imputation rationnelle**: CIR.

$$\text{CIR} = \frac{\text{Activité réelle (AR)}}{\text{Activité normale (AN)}}$$

Charges fixes imputées (CFI) = Charges fixes × CIR

Sous-activité	⇒	**AR < AN**	⇒	**CF > CFI**
Suractivité	⇒	**AR > AN**	⇒	**CF < CFI**

La sous-activité est aussi appelée « coût de chômage »

EXEMPLE

Si les CF sont de 100 000 €, l'AN de 100 et l'AR de 80; le CIR est de 0,8 *(80/100)* et les CFI de 80 000 € *(100 000 x 0,8)*. L'entreprise subit un coût de chômage de 20 000 €.

CF directes	Charges fixes directes × CIR (voir ci-dessus)
CF indirectes	Tableau de répartition des charges indirectes: – découper les montants à répartir en 3 parties: CV, CF et Total; – découper les centres en 2 colonnes: CV et CF; – rajouter une colonne à la fin du tableau pour inscrire les différences d'imputation rationnelle; – **appliquer le CIR aux charges fixes lors de la répartition primaire et inscrire les différences d'imputation dans la colonne prévue**; – faire les totaux de la répartition primaire: Charges variables + Charges fixes imputées; – effectuer la répartition secondaire normalement et déterminer les coûts d'UO et les TF.

La détermination de l'activité normale

Elle nécessite de bonnes connaissances techniques actuelles et passées de l'entreprise.

Activité théorique	→	Utilisation continue et régulière des équipements
Activité réalisable	→	Activité théorique × (1 – Taux) (pannes, absences, fermeture...)
Activité normale	→	Activité réalisable adaptée au volume possible des ventes ou de production

8 LE COÛT MARGINAL

▶ Définition et rôle

• Le coût marginal correspond à la variation du coût total induite par une variation de la production.

• Pour un niveau de production donné : **le coût marginal est égal au coût de la dernière unité produite** (ou du dernier lot produit).

• En l'absence de variation des charges fixes (pas de changement du niveau d'activité), la variation du coût marginal est égale à la variation du coût variable.

• C'est un modèle micro-économique qui permet :
– de connaître certains optimums (voir ci-après) ;
– de répondre à la question de l'**acceptation d'une commande supplémentaire** (si **RMA > CMA**).

▶ Formalisation mathématique

Coût moyen (CMO)	=	$\dfrac{\textbf{Coût total}}{\textbf{Quantités}}$
Coût marginal (CMA)	=	**Dérivée du coût total soit : (Coût total)'**

Recette moyenne (RMO)	=	$\dfrac{\textbf{Recette totale}}{\textbf{Quantités}}$
Recette marginale (RMA)	=	**Dérivée de la recette totale soit : (Recette totale)'**

▶ Optimums technique et économique

• À l'**optimum technique (OT)**, le coût marginal est égal au minimum du coût moyen car il n'est pas possible de produire moins cher.

• À l'**optimum économique (OE)**, le coût marginal est égal à la recette marginale car le profit est à son maximum.

• Représentation graphique usuelle :

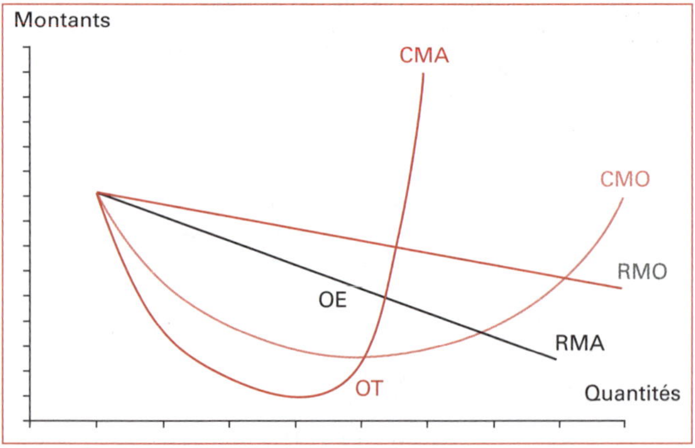

LES COÛTS À BASE D'ACTIVITÉS (MÉTHODE ABC : *ACTIVITY BASED COSTING*) 9

Inadaptation de la méthode des centres d'analyse

Évolution des entreprises

- La méthode des centres d'analyse n'est plus adaptée et fausse la prise de décision car :
  - le processus de production n'est plus ni unique (mono-produit), ni linéaire mais transversal et multi-produits ;
  - les entreprises ont des stratégies d'impartition et recourent notamment à la sous-traitance et au partenariat ;
  - la production n'est plus l'élément central de la cascade des coûts compte tenu de son évolution (contrôle, qualité, logistique…) et du poids des phases préalables (conception, développement) et postérieures (maintenance, service après-vente) ;
  - la main-d'œuvre directe a un poids de plus en plus faible dans le coût total à l'inverse des charges indirectes réparties parfois plus ou moins arbitrairement.
- Le découpage en centres d'analyse et en grandes fonctions ne traduit plus la réalité productive et organisationnelle des entreprises.

Subventionnements croisés

Le calcul des coûts complets avec la répartition des charges indirectes peut contenir trois types d'effets qui faussent les analyses et les décisions :

Effet n° 1 **:** **Taille des séries**	• Les petites séries peuvent consommer plus de charges indirectes que les grandes séries (ex : réglages, lancement, contrôle…) • En retenant une UO volumique (ex : nombre de produits fabriqués) alors les grandes séries financent les petites séries
Effet n° 2 **:** **Hétérogénéité de consommation**	• Un centre d'analyse peut contenir plusieurs activités qui ne sont pas consommées de façon identique par les produits (ex : le centre coupe contient les activités de réglage et de découpe) • En retenant une UO volumique (ex : nombre d'heures machines) pour le centre, alors les produits faiblement consommateurs d'une des activités subventionnent les produits qui sont de gros consommateurs de cette activité ignorée
Effet n° 3 **:** **Disparité du coût des activités**	Cet effet vient accélérer ou annihiler celui de l'hétérogénéité de consommation si le coût des diverses activités du centre est lui-même différent

Fondements de la méthode ABC

Principes et valeur

• La comptabilité par activité repose sur une vision systémique de l'entreprise.

• L'entreprise n'est plus découpée en fonctions mais en activités.

• La comptabilité par activité est fondée sur la valeur des produits et le coût des activités. Elle s'appuie sur la chaîne de valeur de Michael Porter (extrait ci-dessous):

• Les activités chaînées les unes aux autres créent la valeur du produit.

Deux relations de cause à effet

• La méthode ABC a pour objectif fondamental de rattacher directement les ressources aux activités.
• Les charges indirectes par rapport aux produits deviennent directes par rapport aux activités.

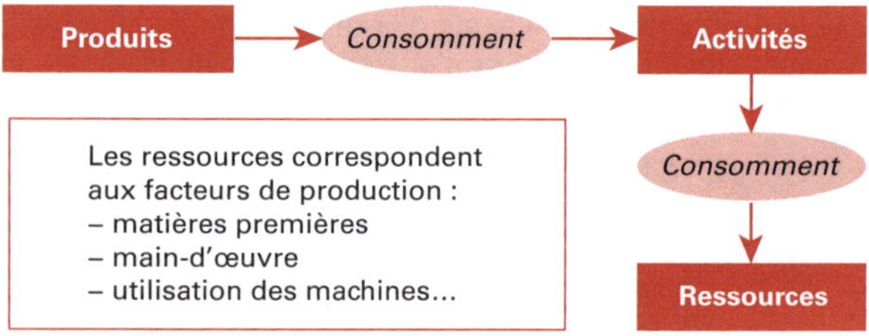

• Il faut déterminer des unités de consommation: les inducteurs.

Mise en œuvre de la méthode ABC

Terminologie essentielle

Activité	• Ensemble de tâches homogènes reliées entre elles dans un but précis • Exemples: – gestion des fournisseurs; – ordonnancement; – maintenance des équipements...
Processus	Regroupement d'activités qui s'enchaînent afin de fournir un produit (bien ou service) en interne (pour un autre processus) ou en externe (pour des clients, un marché...)
Inducteur	• Unité de mesure permettant des liens de causalité • Deux types d'inducteurs: **de ressources**: Mesure la consommation de ressources des activités **d'activité**: Mesure la consommation d'activité(s) des produits

Inducteur (suite)

- Coût unitaire d'un inducteur de ressources :

$$\frac{\text{Ressources consommées par l'activité}}{\text{Volume de l'inducteur}}$$

- Coût unitaire d'un inducteur d'activités :

$$\frac{\text{Total de l'unité de regroupement}}{\text{Volume de l'inducteur}}$$

- Plusieurs catégories d'inducteurs :

Catégorie	Inducteurs possibles
Volume	• HMO ou HMA • Nombre de produits...
Séries ou lots	• Nombre de lots ou de séries produits • Nombre d'ordres de fabrication...
Activités de support	• Nombre de références • Nombre de fournisseurs • Nombre de commandes • Valeur ajoutée...

Il existe de nombreux inducteurs non volumiques

Schéma de synthèse

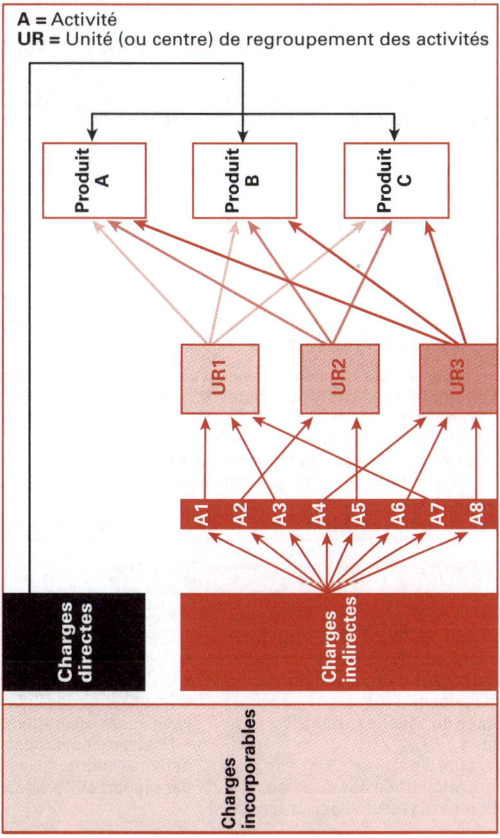

• Le rattachement du coût des activités aux produits permet d'obtenir un coût de revient.
• Il est possible de calculer d'autres coûts : coût des centres de responsabilité, coût des différents types de clientèle, coût des processus…

Détermination du coût de revient des produits, processus et assimilés

<table>
<tr><th>Étape</th><th>Description et exemple</th></tr>
<tr><td>1</td><td>• Identifier les activités par processus (ou par centre)</td></tr>
<tr><td>2</td><td>• Évaluer les ressources (charges indirectes) et les attribuer aux activités identifiées</td></tr>
<tr><td>3</td><td>• Définir les inducteurs de ressources
Remarque : en cas de pluralité d'inducteurs pour une même activité, il convient de retenir l'inducteur qui déclenche en premier la consommation des ressources ou, à défaut, celui qui se répète le plus</td></tr>
<tr><td>4</td><td>• Regrouper les activités (et les ressources consommées) qui ont le même inducteur dans des unités de regroupement (ou centre de regroupement)
Exemple : les activités réglage, lancement et contrôle ont pour inducteur commun le nombre de séries fabriquées. Elles seront regroupées</td></tr>
<tr><td>5</td><td>• Déterminer le coût des inducteurs d'activité
Exemple : l'unité de regroupement d'activités « Organisation de la production » a un total de ressources de 480000 €. L'inducteur retenu correspond au nombre de séries fabriquées, soit 60. Le coût de l'inducteur est de 8000 € par série (480000/60)</td></tr>
<tr><td>6</td><td>• Détermination du coût des activités par produit
Exemple : il ressort des données mensuelles, de la gamme et de la nomenclature des produits :
<table>
<tr><th>Produit</th><th>A</th><th>B</th><th>C</th><th>D</th></tr>
<tr><td>Quantités produites</td><td>6000</td><td>1000</td><td>2100</td><td>4000</td></tr>
<tr><td>Nombre de séries</td><td>3</td><td>10</td><td>7</td><td>40</td></tr>
</table>
Pour le produit C, le coût unitaire des activités (ici limité à l'organisation de la production) est de 26,67 € (7 × 8000/2100)</td></tr>
<tr><td>7</td><td>• Détermination du coût de revient des produits ou assimilés en ajoutant aux charges directes, le coût des activités.
Exemple : pour le produit C, il ressort des données mensuelles, de la gamme et de la nomenclature :
– charges directes unitaires (matières, main-d'œuvre…) : 19,24 € ;
– coût unitaire des activités (dont organisation de la production) : 70,76 €.
Le coût de revient unitaire du produit C est de 90 € (19,24 + 70,76)</td></tr>
</table>

▶ Avantages et limites de la méthode

Avantages	Limites
• Représentation plus juste de l'entreprise actuelle en termes d'organisation et de management • Pertinence du coût de revient des produits • Meilleur outil d'analyse • Meilleure orientation des décisions (stratégie, investissement, performance…)	• Complexité de la méthode • Coût élevé de mise en œuvre • Importance des indicateurs volumiques en pratique • Coût direct par rapport aux activités mais toujours indirect par rapport aux produits

▶ Principes et définition

- Mode de pilotage à court terme.
- Constitue un ensemble de prévisions regroupées dans des budgets.
- Un **budget** est un programme d'action chiffré des décisions prises par la direction.
- Les budgets :
  – découlent du **plan stratégique** et du **plan opérationnel** ;
  – sont élaborés avec les différents responsables de l'organisation.

▶ Schéma de la procédure budgétaire

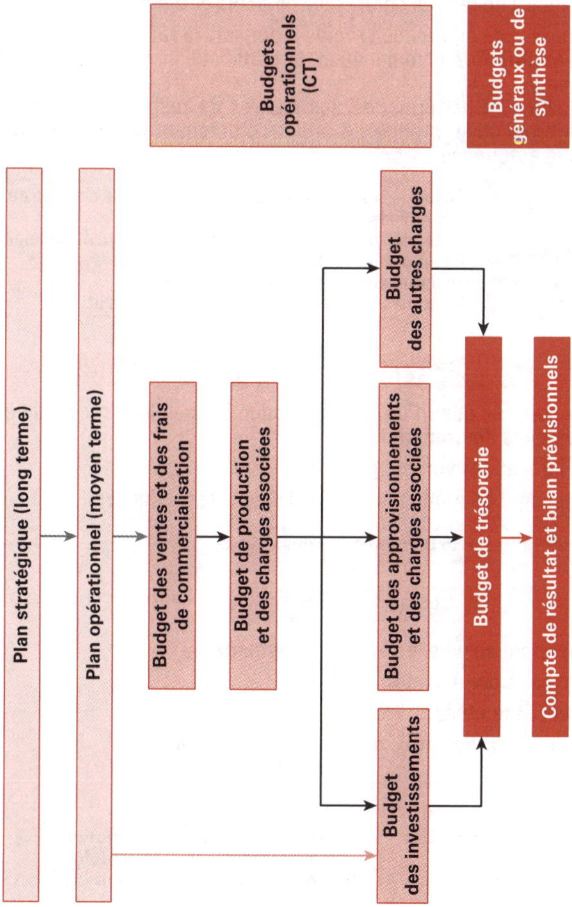

Les phases de gestion budgétaire

Phase	Contenu
Prévisions	• Situées avant l'action • Constituées par les budgets
Réalisations	• Situées après l'action • Traduites par : – des tableaux de bord : *voir fiche 20* ; – la comptabilité.
Contrôle	• Confrontation entre les deux phases précédentes • Mise en évidence d'écarts significatifs : *voir fiche 19* • Ajustement par le biais d'actions correctives

Intérêts et contraintes de la gestion budgétaire

• Traduire en termes chiffrés les objectifs assignés.

• Fournir une information rapide autorisant la réactivité.

• Permettre la communication, la participation et la motivation des acteurs.

• Mesurer la performance des centres de responsabilité (service, unité productive, groupe de projet…) détenant une plus ou moins grande autonomie.

Contraintes	• En termes de prévisions de vente, de prix, de charges de commercialisation • En termes de gestion des stocks et des approvisionnements • En termes de contraintes techniques (moyens humains et matériels) du système productif • En termes de financement et d'investissement

Hiérarchie et interdépendance des budgets

• Le **point de départ** de la construction budgétaire est constitué par les **budgets déterminants** :

– le budget des ventes ; **puis**

– le budget de production (en cas d'activité productive).

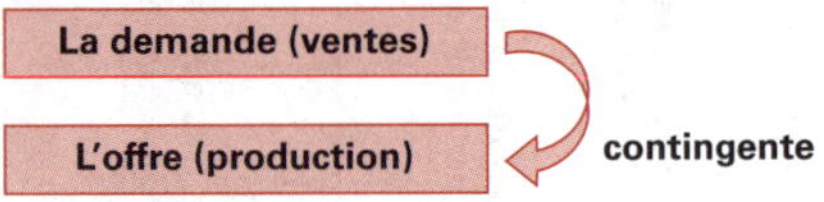

• Viennent ensuite les **budgets résultants** :

– approvisionnements ;

– investissements ;

– autres charges (frais généraux) et trésorerie.

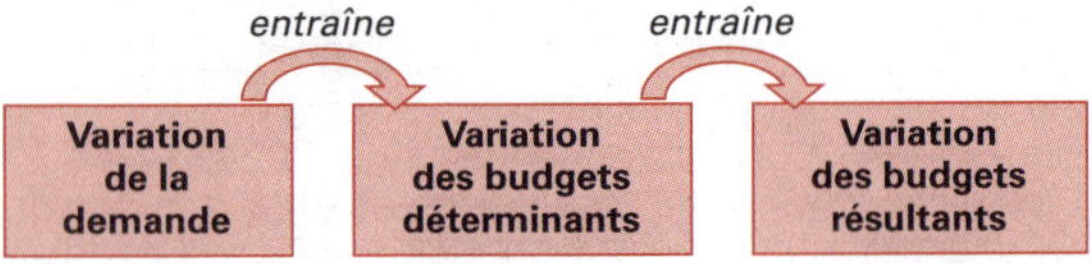

Définition et méthodes

Définition	Quantifier les ventes futures à court terme (souvent à un an) à partir : – de l'extrapolation du passé ; – de la prise en compte des éventuelles variations saisonnières : *voir fiche 12* ; – de différentes sources d'informations permettant de suivre et d'anticiper l'évolution du marché ; – de la politique commerciale de l'entreprise ; – du contexte économique…
Méthodes	Plusieurs méthodes de prévisions existent et peuvent être combinées ou non : – moindres carrés ; – moyennes mobiles : *voir fiche 12.*

La demande future contingente la production, l'approvisionnement et la trésorerie prévisionnelle.

Méthodologie

N°	Étapes
1	Détermination de la tendance des ventes
2	Prise en compte des variations saisonnières (selon l'activité) et détermination des coefficients saisonniers : *voir fiche 12*
3	Détermination des prévisions brutes
4	Détermination des prévisions définitives

Remarque : en l'absence d'activité saisonnière, il n'y a pas d'étape 2 et les étapes 3 et 4 sont confondues.

Détermination de la tendance des ventes

- S'effectue grâce à l'observation de l'évolution des ventes passées sur un graphique.
- Le cycle de vie du produit influence la tendance.
- La tendance suivie est généralement :

Linéaire	Phases de croissance voire de maturité
Exponentielle	Phase de démarrage : *voir fiche 12*

- Le choix d'une tendance conditionne les calculs à mener et la justesse des prévisions.
- Il est possible de conforter ce choix par le calcul du coefficient de corrélation *r*.
- Un coefficient proche de 1 traduit une bonne corrélation.

Mise en œuvre de la méthode des moindres carrés (tendance linéaire)

- La méthode consiste à chercher l'équation de la droite d'ajustement linéaire $y = ax + b$ telle que les carrés de toutes les distances soient les plus faibles possibles ; *voir graphique ci-après.*
- Dans cette équation :

y représente les **quantités** ;
x représente le **rang de la période**.

EXEMPLE

Une entreprise souhaite connaître les ventes prévisionnelles du mois de janvier N+1 à partir des ventes de l'année N.

Mois (année N)	x_i (mois)	y_i (qtés)	$X_I = x_i - \bar{x}$	$Y_I = y_i - \bar{y}$	XIYI	XI^2	YI^2
Janv.	1	65	-5,50	-98,50	541,75	30,25	9702,25
Fév.	2	78	-4,50	-85,50	384,75	20,25	7310,25
Mars	3	112	-3,50	-51,50	180,25	12,25	2652,25
Avril	4	129	-2,50	-34,50	86,25	6,25	1190,25
Mai	5	135	-1,50	-28,50	42,75	2,25	812,25
Juin	6	156	-0,50	-7,50	3,75	0,25	56,25
Juillet	7	157	0,50	-6,50	-3,25	0,25	42,25
Août	8	170	1,50	6,50	9,75	2,25	42,25
Sept.	9	189	2,50	25,50	63,75	6,25	650,25
Oct.	10	242	3,50	78,50	274,75	12,25	6162,25
Nov.	11	259	4,50	95,50	429,75	20,25	9120,25
Déc.	12	270	5,50	106,50	585,75	30,25	11342,25
Total	78,00	220,00	0,00	0,00	2600,00	143,00	49083,00
Moyenne	6,50	163,50					
Racine						11,96	221,55

$$a = \frac{\sum XIYI}{\sum XI^2} \quad \text{soit} \quad \frac{2600,00}{143,00} = 18,2$$

$$b = \bar{y} - a\bar{x} \quad \text{soit} \quad 163,5 - (18,2 \times 6,5) = 45,32$$

$$r = \frac{\sum XIYI}{\sqrt{\sum XI^2} \times \sqrt{\sum YI^2}} \quad \text{soit} \quad \frac{2600,00}{11,96 \times 221,55} = \mathbf{0,98}$$

Tendance des ventes

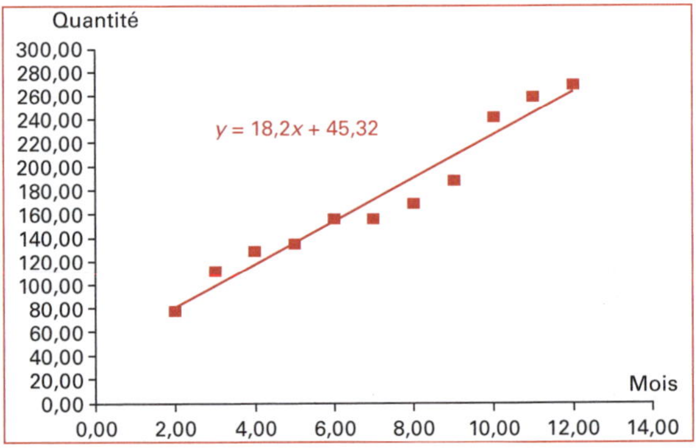

Solution: les ventes de janvier N+1 seront de 282 unités : [(18,2 × 13) + 45,32 = 281,92].
Il est également possible de prolonger la droite d'ajustement et d'obtenir la solution graphiquement.

Budgétisation des ventes

- Consiste à produire un budget des ventes en valeur (**quantités prévisionnelles** × **prix prévisionnel**) pour une période donnée, accompagné des coûts de distribution liés.
- La présentation retient le plus souvent un découpage par produit, par période ou par secteur géographique.
- Le prix dépend de nombreux paramètres : politique de l'entreprise, situation concurrentielle, respect de la réglementation…

Détermination de la courbe d'ajustement en présence d'une tendance exponentielle

La courbe d'ajustement est déterminée par une équation de type : $y = B \times A^x$

Y représente les ventes en quantités et x le rang de la période. En passant aux logarithmes décimaux, on obtient :

Log y = log B + x log A avec a = log A soit $A = 10^a$

avec b = log B soit $B = 10^b$

On peut aussi écrire : $\log y = ax + b$

$$a = \frac{\Sigma xi \log yi - n\bar{x}\overline{\log y}}{\Sigma xi^2 - n\bar{x}^2} \qquad b = \overline{\log y} - a\bar{x}$$

$\bar{x}$ (moyenne des xi) = $\Sigma\, xi/n$ et $\log \bar{y}$ (moyenne des yi) = $\Sigma \log yi/n$

EXEMPLE

Une entreprise souhaiterait prévoir les ventes du dernier trimestre de l'année N d'un produit récemment mis sur le marché.

	xi (mois)	*yi* (qtés)	Log *yi*	*xi* log *yi*	*xi*²
Données	1	100	2,00	2,00	1,00
	2	120	2,08	4,16	4,00
	3	160	2,20	6,61	9,00
	4	230	2,36	9,45	16,00
	5	330	2,52	12,59	25,00
	6	470	2,67	16,03	36,00
	7	650	2,81	19,69	49,00
	8	980	2,99	23,93	64,00
	9	1370	3,14	28,23	81,00
Totaux				122,69	285,00
Moyennes	5	490	2,53		

Ventes exponentielles

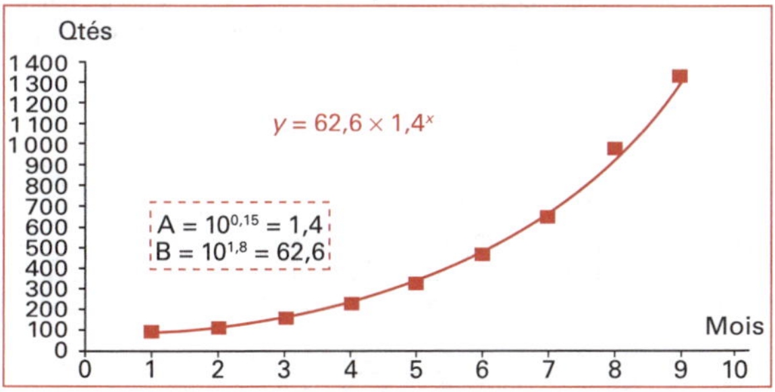

Tendance des ventes

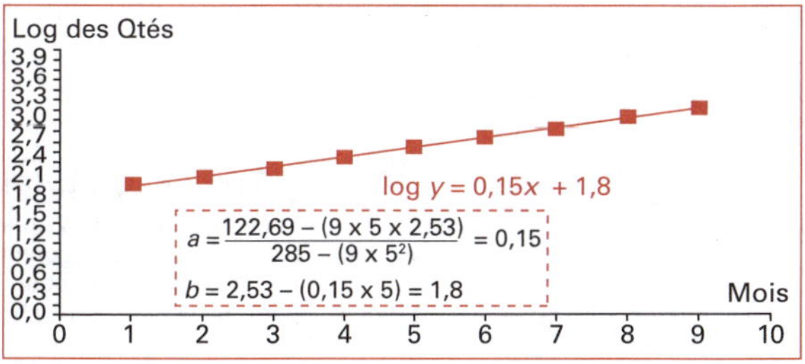

Le coefficient de corrélation (dans l'exemple, $r = 0{,}998$) s'obtient par :
$[\Sigma\,(xi - \bar{x})(\log yi - \overline{\log y})] \,/\, [\sqrt{\Sigma\,(xi - \bar{x})^2} \times \sqrt{\Sigma\,(\log yi - \overline{\log y})^2}]$

Attention, certains tableurs raisonnent en logarithmes népériens. Il faut alors procéder à un ajustement.

Solution:

Mois	Log y	$10^{\log y}$ ou $B \times A^x$	Ventes
Oct.: (x = 10)	$(0,15 \times 10) + 1,80 = 3,26$	$10^{3,26}$ ou $62,6 + 1,4^{10}$	1840,65 soit **1841**
Nov.: (x = 11)	$(0,15 \times 11) + 1,80 = 3,41$	$10^{3,41}$ ou $62,6 + 1,4^{11}$	2581,19 soit **2581**
Déc.: (x = 12)	$(0,15 \times 12) + 1,80 = 3,56$	$10^{3,56}$ ou $62,6 + 1,4^{12}$	3619,67 soit **3620**

Prise en compte de la saisonnalité

Règles générales

- Permet de tenir compte des variations saisonnières dans la prévision des ventes.
- Deux méthodes principales pour déterminer les coefficients saisonniers (CS) :

Rapport à la tendance (ou au trend)	Moyennes mobiles centrées (MMC)
• S'appuie sur l'utilisation des données réelles observées (DO) • Nécessite de recalculer des données corrigées (DC) par l'équation des moindres carrés. On remplace chaque x de l'équation par la valeur du rang de la période. On obtient une 2e série • L'équation servira aussi pour déterminer les **prévisions brutes** futures	• Détermination des MMC : *voir ci-après* • Nécessite d'effectuer ensuite un ajustement linéaire par la méthode des moindres carrés sur la série des MMC pour déterminer les **prévisions brutes** futures
CS = DO/DC	**CS = DO/MMC**
• Obtention de coefficients saisonniers mensuels ou trimestriels • Si l'analyse porte sur plusieurs années, il faut faire la moyenne arithmétique de tous les coefficients sur chaque période retenue (mois, trimestre…) pour obtenir les coefficients saisonniers définitifs	
Prévisions des ventes = Prévisions brutes × CS définitif pour chaque période	

Moyennes mobiles centrées (MMC)

- Revient à calculer des valeurs moyennes.
- Chaque valeur est obtenue sur la base d'un encadrement. Si on raisonne sur une base trimestrielle (T), on obtiendra la formule suivante :

$$DC\ T = \frac{(0,5\ DO\ T-2 + DO\ T-1 + DO\ T + DO\ T+1 + 0,5\ DO\ T+2)}{4}$$

- De par la construction de la formule, on obtient moins de valeurs puisque le raisonnement s'effectue sur les données connues.

Recours au tableur

Tendance linéaire	Tendance exponentielle
• Fonction **DROITEREG** (y connus (ventes passées) ; x connus (périodes passées)) pour déterminer la tendance brute • Fonction **PRÉVISION** (x (période future) ; y connus (ventes passées) ; x connus (périodes passées)) • Fonction **TENDANCE** (y connus (ventes passées) ; x connus (périodes passées) ; x nouveaux (période future))	• Fonction **LOGREG** (y connus (ventes passées) ; x connus (périodes passées)) pour déterminer la tendance brute • Fonction **CROISSANCE** (y connus (ventes passées) ; x connus (périodes passées) ; x nouveaux (période future))

Définition et intérêt

- Déterminer un programme de production optimal : définition des quantités de produits à fabriquer par période à court terme.
- Le programme doit être en adéquation avec :
  - les prévisions de ventes ;
  - les contraintes de production.
- Permet de prévoir les approvisionnements.
- Participe au pilotage de l'entreprise.
- Les prévisions s'effectuent grâce à la programmation linéaire.

Détermination du programme

- Deux types de contraintes (quantités de facteurs limitées) :

Contraintes de distribution	Contraintes de production
• Liées aux objectifs de ventes du produit • Se traduisent le plus souvent en nombre de produits	• Liées aux aspects techniques et organisationnels des ateliers de production, à leurs capacités disponibles… • Se traduisent en termes d'heures machines, de quantité de matières, de main-d'œuvre…
Dans tous les cas, il faut disposer de toutes les informations utiles sur la fabrication du produit	

- Une fonction économique (Z) à maximiser (ou dans certains cas à minimiser) :
  - le but est de définir les quantités optimales de production qui maximisent **la marge sur coût variable** car celle-ci est représentative de la rentabilité de l'entreprise à CT ;
  - le but n'est pas nécessairement d'obtenir le **plein emploi** des ateliers.

Écriture du programme linéaire (sous la forme canonique) et résolution

Obtention d'un système d'inéquation.

EXEMPLE

Une entreprise fabrique deux produits (x et y) dans deux ateliers :

	Atelier A	Atelier B	MCV
Produit x	2 HMA	10 HMA	4 €
Produit y	1 HMA	1 HMA	1 €
Capacité maximale	300 HMA	700 HMA	

$$\begin{cases} \text{Contrainte de marché : } x \geq 0 \text{ et } y \geq 0 \\ \text{Contrainte atelier A : } 2x + y \leq 300 \\ \text{Contrainte atelier B : } 10x + y \leq 700 \\ \text{Fonction économique Z : } 4x + y = \max \end{cases}$$

Résolution graphique

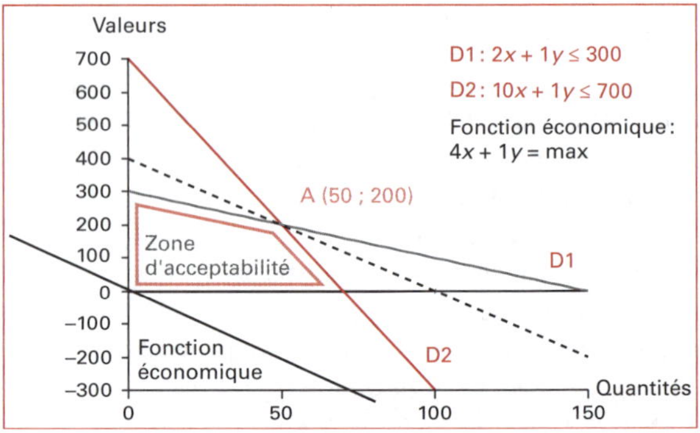

Méthodologie en cas de maximisation

- On trace une droite parallèle à la fonction économique (ici en pointillé) le plus loin possible de l'origine tout en restant dans les limites de la zone d'acceptabilité.
- La solution est donnée par le point se situant à l'extrémité de la zone d'acceptabilité.
- En cas de pluralités de solutions possibles, il convient de tester chacune d'elles pour retenir celle qui maximise la MSCV.

Résolution par le solveur d'un tableur

• Reprise des données sous forme de tableau sur tableur (données saisies sur fond grisé) :

	A	B	C	D	E
1		A	B	MSCV	Qté optimale
2	x	2	10	4	50
3	y	1	1	1	200
4	Capacité maximale	300	700		
5	Capacité utilisée	300	700	Plein emploi des ateliers	
6			Marge max		400

• Pour obtenir les solutions, il faut :
– paramétrer les cellules du tableau :

B5	Capacité utilisée A	= (B2 × E2) + (B3 × E3)
C5	Capacité utilisée B	= (C2 × E2) + (C3 × E3)
E6	Marge maximale	= (D2 × E2) + (D3 × E3)

– lancer le solveur en paramétrant ses composantes puis cliquer sur Résoudre :

Cellule cible à définir	Marge maximale	$E$6
Cellules variables	Quantités optimales	$E$2:$E$3
Contraintes	$x \geq 0$	$E$2 = entier $E$2 ≥ 0
	$y \geq 0$	$E$3 = entier $E$3 ≥ 0
	Ateliers	$B$5: $C$5 ≤ $B$4: $C$4

Budgétisation de la production

- À mener conjointement avec celle des approvisionnements pour minimiser les coûts de stockage : *voir fiche 14*.
- S'effectue, pour une période donnée, sous forme de tableaux en quantité (avec indication du SI, de la production et du SF) et en valeur.
- Nécessite de disposer des coûts préétablis de production (matières, main-d'œuvre et charges indirectes pour le budget des charges de production) : *voir fiche 15*.

Définition et intérêts

- Déterminer le niveau et la fréquence des approvisionnements grâce aux prévisions de ventes et/ou de production.
- Nécessite de tenir compte des nomenclatures de produits.
- Objectifs et méthodes de gestion des approvisionnements :

2 objectifs	• Minimiser le coût de gestion des stocks • Satisfaire à temps la demande pour éviter une rupture de stock
3 méthodes	• À période fixe • À période variable • À flux tendus

Les composantes du coût de gestion des stocks

Outre le coût d'achat des approvisionnements, le coût du stock comprend différents coûts :

Gestion des commandes	Relatif au lancement, au suivi, à la réception et au contrôle des commandes
Possession du stock	Comprend divers éléments comme le coût du financement du stock, le coût des installations de stockage, les frais d'assurance...
Rupture de stock ou pénurie	• Engendrée par l'indisponibilité d'un article • Se mesure par le manque à gagner en termes de ventes, en frais administratifs afférents...

Les modèles physiques de suivi des stocks

- Tous les stocks ne font pas l'objet d'un suivi et d'une politique d'approvisionnement propres.
- Seules sont suivies les références les plus importantes.
- Deux modèles principaux :
  - la méthode des 20/80 qui revient à poser que 20 % des produits en volume représentent 80 % des produits en valeur. Ces 20 % feront l'objet d'un suivi approfondi ;
  - la méthode ABC semblable à la précédente mais qui classe les produits en trois groupes. Seul le premier groupe fera l'objet d'un suivi approfondi.

Le modèle de gestion de Wilson en avenir certain

Permet de déterminer le nombre optimal de commandes (lot économique) et la quantité optimale à commander afin de réduire le coût global de gestion des stocks sur une période donnée (souvent l'année).

Avec:

CPA	Coût de passation d'une commande
CS	Coût de possession du stock pendant la période de gestion (prix unitaire du produit × taux de possession de la période)
D	Demande ou consommation pendant la période de gestion
N	Nombre de commandes à passer pendant la période de gestion
Q	Quantité économique de produits à commander lors de chaque réapprovisionnement

On pose:
Coût de passation global des commandes: (CPA ×N)
Coût de possession global du stock: (CS × Q/2) ou (D/2N × CS)
Coût total du stock: (CPA × N) + (CS × Q/2)

$$Q: \sqrt{\frac{2 \times D \times CPA}{CS}}$$

$$N: \sqrt{\frac{D \times CS}{2 \times CPA}}$$

Délai entre 2 commandes: Période/N

Limites du modèle de Wilson

- Ne s'applique pas à tous les produits (ex: denrées périssables) ni à toutes les activités (ex: production à LT ou sur commande).
- Suppose que la demande et le délai d'approvisionnement soient connus à l'avance.
- Absence de prise en compte des tarifs dégressifs accordés par les fournisseurs.

Détermination des quantités optimales en avenir incertain

- Utilisation de la loi normale si la variable (la demande) est continue.
- La recherche porte sur la probabilité d'être en rupture de stock (demande > stock).

Budgétisation des approvisionnements

Consommation régulière	Budgétisation sur la base de Q et de N déterminés précédemment
Consommation irrégulière	• Choisir entre Q et N • L'approvisionnement sera soit: – à période fixe (Q variable); – à période variable (Q fixe).

- Nécessite de définir le stock de sécurité et le stock critique (ou d'alerte):

Stock de sécurité (SS)	• Permet de faire face à une accélération de la consommation entre deux commandes • Permet de combler les retards de livraison
Stock critique (SC)	• Niveau de stock entraînant le déclenchement d'une commande • Tient compte de la consommation durant le délai de réapprovisionnement et du stock de sécurité

- Pour la budgétisation, on a besoin du stock initial de début de période (stock final du bilan précédent).

Gestion des stocks à périodes fixes

EXEMPLE

Données sur fond coloré connues au départ d'un composant : SI Janvier = 400 ; SS = 100 ; N = 6 commandes (tous les 2 mois) ; Délai de livraison (DL) = 15 jours

Mois	Consommations	Stock théorique	Entrées	Stock rectifié	DL	DC
Janv.	150	400		250		
Fév.	200	50	300	350	1/02	15/01
Mars	250	100		100		
Avril	200	– 100	200 + X	100 + X	1/04	15/03

Livraison de février (entrées) = ((200 + 250) + 100) – 250 = 300
Comme DL = 15 jours ⇒ date de commande (DC) = 15 janvier
Livraison d'avril (entrées) = ((200 + X) + 100) – 100 = 200 + X…

Extrait du budget des achats en quantité du composant

Mois	SI	Entrées (liv)	Sorties	SF
Janv.	400		150	250
Fév.	250	300	200	350
Mars	350		250	100
Avril	100	200 + X	200	100 + X

Gestion des stocks à périodes variables

EXEMPLE

Données identiques au cas précédent sauf pour : Q = Livraisons (liv) = 300 ; SC = délai d'approvisionnement de 15 jours + 100 (SS)

Méthodologie :

1) Établir le cumul des consommations en tenant compte du stock de sécurité (CCSS).
2) Rechercher les dates de livraison :
- identifier le moment où le SI et les livraisons ne couvrent plus le CCSS ;
- calcul de la 1re date exacte de livraison (L) du mois m = (SI – CCSS m–1) / (CCSS m – CCSS m–1) = L et L × 30 = nb de jours ;
- pour les autres livraisons = ((SI + $\sum$ livraisons) – CCSS m_{-1}) / (CCSS m – CCSS m_{-1}) = L.

Mois	Consommations	Cumul Conso + SS (CCSS)	DL	DC	Cumul SI + liv
Janv.	150	250			400
Fév.	200	450		25/2	700
Mars	250	700	12/3		700
Avril	200	900	22/4	7/4	1 000

Risque de rupture en février car SI < CCSS (400 < 450). Il doit donc y avoir une 1re livraison en février.
DL de février = (400 – 250)/(450 – 250) = 0,75 jour et 0,75 × 30 = 22,5 soit le 22 février et donc une commande le 6 février.
Risque de rupture en avril : DL d'avril = (700 – 700)/(900 – 700) = 0 soit le 1er avril et donc une commande le 15 mars.

Extrait du budget des achats en quantité du composant

Mois	SI	Entrées (liv)	Sorties	SF
Janv.	400		150	250
Fév.	250	300	200	350
Mars	350		250	100
Avril	100	300	200	200

La budgétisation en valeur comprend les achats et les charges d'approvisionnement (budget du centre associé). La valorisation s'effectue par les prix prévisionnels ou par les coûts préétablis.

Gestion des stocks en flux tendus

- Objectif : produire juste au moment où la demande se fait sentir.
- Se traduit par une réduction des stocks et donc des coûts.
- Nécessite une organisation spécifique interne (postes de travail, machines…) et externe (localisation des fournisseurs…).
- Il peut être fait usage de la méthode Kanban.

Définition et objet

- Coût évalué par anticipation ayant le caractère de référence.
- Permet de déterminer, à partir d'une activité normale, des coûts prévisionnels considérés comme normaux.
- A pour objet de faciliter certains traitements analytiques et de permettre le contrôle de gestion par l'analyse d'écarts.

Méthodes d'élaboration des coûts préétablis

Coût prévisionnel	Coût budgété	Coût standard
Extrapolation du réel avec des corrections	Établi en fonction d'une activité prévue à partir des budgets des services opérationnels	Nécessite une étude détaillée du produit: – **nomenclature** (composition technique du produit); – **gamme opératoire** (temps de fabrication).

Principales utilisations

- Valoriser les prévisions budgétaires.
- Valoriser les devis.
- Contrôler l'activité de l'entreprise grâce au calcul d'écarts: *voir fiche 19.*
- Chiffrer plus rapidement et aisément certains éléments comme les PCI, la production stockée…

Calcul des coûts préétablis

Coût préétabli
=
Quantités préétablies × Coût unitaire préétabli

Mise en œuvre de la méthode du coût standard

Standard	Qté préétablie	Prix préétabli
Matière	Fonction de la nomenclature du produit (quantité matière, pertes…)	Prix prévisionnel ou prix actuel majoré des frais sur achats
Main-d'œuvre	Le nombre d'heures préétabli est fonction des temps d'emploi (temps de travail effectif)	Le taux horaire standard se calcule à partir des charges annuelles de personnel et associées pour une qualification donnée (charges sociales, impôts et taxes liés au salaire)
Charges indirectes	L'UO est, soit le temps d'emploi de la main-d'œuvre, soit le temps de marche des machines	Le coût préétabli de l'UO est déterminé grâce aux budgets des centres d'analyse pour une activité normale

La notion de budget flexible

- Constitue une prévision du coût total d'un centre d'analyse pour des niveaux d'activité différents autour d'un niveau jugé normal (AN).
- Permet de déterminer le coût préétabli de l'UO.
- Le niveau d'activité est mesuré par un nombre d'UO.

EXEMPLE DE PRÉSENTATION POUR UN CENTRE

Budget flexible simplifié d'un atelier de production

Niveau d'activité	800	1000 (AN)	1200
Charges variables	48000	60000	72000
Charges fixes	20000	**20000**	20000
Coût total	68000	80000	92000
Coût unitaire UO	85	**80**	76,66
Charges variables unitaires	60	**60**	60
Charges fixes unitaires	25	20	16,66

- Le coût total de fonctionnement d'un centre peut s'écrire sous la forme d'une droite d'équation de type : $ax + b$ avec :

a = coût variable unitaire préétabli de l'UO (cvup)

x = niveau d'activité en nombre d'UO

b = charges fixes totales prévues pour une activité normale (CFGp)

Dans l'*exemple* : $60x + 20\,000$.

$$\text{cup (ici 80)} = \frac{(\text{CVGp} + \text{CFGp})}{\text{NUO}}$$

cup = coût complet unitaire préétabli
CVGp = charges variables globales préétablies
CFGp = charges fixes globales préétablies
NUO = nombre d'UO pour une activité normale

- Permet également d'évaluer le coût de la sur ou sous-activité par rapport à une activité normale.

La fiche de coût standard ou préétabli

- S'établit pour chaque produit.
- Récapitule le coût de production unitaire standard ou préétabli en distinguant les standards de quantités et de prix (ou de coûts).

EXEMPLE DE PRÉSENTATION D'UNE FICHE

Fiche de coût standard simplifiée du produit P

Éléments	Qtés	CU	Montant
Matières	4	1,5	6
Main-d'œuvre	3/4	12	9
Atelier production	1/10	**80**	8
Coût standard	1		23

16 L'ÉLABORATION DES BUDGETS D'INVESTISSEMENT ET DE FINANCEMENT

▶ Définition

Constitue la traduction à court terme des orientations stratégiques décidées en matière d'investissement et de financement liés: *voir fiche 10.*

▶ Construction du plan de financement

Pas de structure type. Deux grandes parties:

- **emplois** dont les décaissements issus du budget des investissements;
- **ressources**: financement interne et externe.

▶ Construction du budget d'investissement

- Le budget est établi à partir du programme d'investissement et du plan de financement.
- La périodicité retenue est souvent le mois.
- Il regroupe les différents projets s'il y a lieu.
- Il comprend trois parties:

Engagement	• Fixe la date de début des obligations • À compter de cette date, l'entreprise ne peut plus faire marche arrière sans risquer de payer des pénalités
Décaissements	• Sont fonction des contrats passés: souvent acompte à l'engagement, paiements successifs et solde à la réception • Constituent les différentes périodes de règlements des travaux • Ont des conséquences sur la trésorerie
Réception	• Fixe la date de livraison de l'investissement • Constitue le point de départ des activités de fabrication

EXEMPLE DE MODÈLE POSSIBLE

Avec:

- projet 1 (P1) = investissement de 1 000;
- projet 2 (P2) = investissement de 2 400.

	Engagement		Décaissements			Réception	
Date	9/N–1	12/N–1	1/N	3/N	4/N	6/N	8/N
P1	100		200	200		500	
P2		300	600	600	600		300

Lecture pour P1: versement de 100 à l'engagement en septembre N–1. Paiements successifs en janvier et en mars N de 200. Paiement d'un solde de 500 en juin N.

▶ Liens entre l'investissement et le financement

Le budget des investissements ne peut être validé que si le plan de financement fait apparaître des ressources suffisantes.

Intérêts

- Vérifier la cohérence des décisions prises sur les flux prévisionnels de recettes et de dépenses.
- Éviter le risque de **cessation des paiements** ou au contraire celui d'une trésorerie pléthorique.
- Autoriser un premier diagnostic sur l'activité de l'entreprise ainsi que des mesures correctrices si nécessaire.

Méthodologie

Étapes	Contenu
1	• Traduire les budgets opérationnels en termes: – d'encaissements (principalement liés aux ventes, aux autres produits...); – de décaissements (liés aux charges des budgets: production, approvisionnement, investissements...); • Suppose: – de disposer des conditions de ventes de l'entreprise et des fournisseurs (ex: règlement au comptant, à 30 jours...); – de connaître la législation sociale et fiscale en matière d'échéance de paiement (ex: charges sociales à payer entre le 1er et le 15 du mois suivant); – de disposer du bilan et de l'annexe précédents; – de retraiter certaines charges (ex: charges abonnées).
2	• Établir le budget de TVA en distinguant la TVA collectée, la TVA déductible sur autres biens et services (ABS) et la TVA déductible sur immobilisations • Suppose de distinguer au préalable les recettes et les dépenses soumises à la TVA ou non • Calculer la TVA à décaisser période par période (ex: le mois) ou le crédit de TVA: **TVA à décaisser mois *m* = TVA collectée – TVA déductible (sur ABS et sur immobilisations)**
3	• Pour chaque période, faire la différence entre les encaissements et les décaissements • Intégrer la TVA à décaisser du mois *m* à payer en *m*+1. Elle figure: – normalement dans les décaissements ou à défaut; – dans les encaissements en cas de crédit de TVA. • L'ensemble forme un 1er solde (S1).
4	• Calculer pour chaque période la trésorerie finale S2 « primitive » • Faire apparaître trois lignes: – la trésorerie initiale (trésorerie finale *m*–1); – le solde S1; **– la trésorerie finale S2 d'un mois *m* = trésorerie initiale *m* + S1 m.** *Remarque: la trésorerie initiale de la 1re période correspond au montant figurant au bilan précédent*
5	Équilibrage pour obtenir le budget définitif et exemple de construction (*voir page suivante*)

Équilibrage du budget de trésorerie

Le solde de trésorerie S2 « primitif » du mois peut présenter des imperfections à corriger :

S2 > 0	• Envisager des placements en bons du Trésor, billets de trésorerie, SICAV...
S2 < 0	• Mobiliser des créances pour les transformer en liquidités (escompte d'effets de commerce, affacturage...) • Recourir au crédit bancaire (facilités de caisse, découvert...) • Négocier des reports d'échéances avec les partenaires économiques...

Budget définitif

- Reprend le solde S1 déterminé précédemment.
- Tient compte des décisions prises lors de la phase d'équilibrage par rapport au solde S2 (ex : en cas de recours au découvert, il faudra intégrer dans les décaissements les agios correspondants).
- Fait apparaître la trésorerie finale (TF) définitive.

Exemple de présentation du budget de trésorerie

	m	*m*+1	*m*+...	Solde à reporter
Encaissements : – ventes TTC – autres produits – solde créances à recevoir – emprunts...	(1)			
Solde encaissements (A)				
Décaissements : – solde dettes à payer – charges de production – charges d'approvisionnement – charges financières – remboursement d'emprunt – acquisition d'immobilisation – TVA à décaisser...	(1)			
Solde décaissements (B)				
Solde S1 = A – B				
Trésorerie initiale (TI)	(1)	TF *m*	TF *m*+1	TF *m*+...
Trésorerie finale (TF)(2) = S1+TI	TF *m*	TF *m*+1	TF *m*+...	

(1) Voir bilan et annexe précédents. (2) Ou S2 avant équilibrage.

MÉTHODE

- Liste fournie à titre indicatif.
- Distinguer ce qui est encaissable et décaissable (ex : l'amortissement est une charge calculée non décaissable).
- Insérer autant de lignes que d'échéances de paiement différentes (ex : ventes au comptant, à 30 jours, à 60 jours).
- La colonne « Solde à reporter » comprend les sommes restant dues sur encaissements et décaissements (par exemple, dans le cas d'un budget sur 12 mois avec ventes au comptant et à 30 jours, une partie des ventes de décembre sera encaissée en janvier de l'année suivante).

Ces sommes correspondant à des créances et à des dettes seront reportées dans les documents de synthèse prévisionnels (*voir fiche 18*).

Présentation

- Représentent la dernière étape de la démarche budgétaire avant le contrôle budgétaire.
- Regroupent le compte de résultat et le bilan prévisionnels établis selon une périodicité le plus souvent annuelle.
- Facultatifs sauf pour les entreprises relevant de la prévention des difficultés des entreprises.

Utilisations

- Constituent une base de négociation auprès des apporteurs de capitaux.
- Permettent de contrôler *a priori* la cohérence des décisions prises en s'assurant :
  - des équilibres financiers et de l'autonomie financière avec le bilan prévisionnel ;
  - de la rentabilité d'exploitation avec le compte de résultat prévisionnel.

Informations requises

Informations nécessaires

→ **Bilan de la période précédente**

→ **Budgets opérationnels :**
- Ventes et frais de commercialisation
- Production et charges liées
- Approvisionnements et charges liées
- Autres charges
- Investissements et financement

→ **Budget de trésorerie**

Le compte de résultat prévisionnel

- Sont distingués les charges et les produits prévus HT.
- Fait apparaître le résultat budgété.

Charges	Commentaires
Achats MP	Les achats et le stock final (SF) figurent dans le budget des achats
Variation de stocks de MP **(SI – SF)**	
Autres achats et charges externes	Figurent dans le budget des : – charges de production ; – charges de commercialisation ; – autres charges ; – investissements (pour calculer les amortissements nouveaux).
Salaires et charges sociales	
Impôts et taxes	
Amortissements	
Charges financières	Dépendent : – des décisions prises lors de l'équilibrage de la trésorerie (ex : escompte d'effets de commerce) ; – des intérêts d'emprunts antérieurs et contractés durant la période de référence (budget de financement).

Produits	Commentaires
Ventes de produits finis	Figurent dans le budget des ventes
Production stockée **(SF – SI)**	• Pour déterminer le stock final, il faut disposer des quantités produites (QP) en valeur (budget de production) et des quantités vendues (QV) en valeur (budget des ventes) : SF = SI + QP – QV

Rappel: les stocks initiaux figurent dans le bilan de la période précédente.

▶ Le bilan prévisionnel

- Les dettes et les créances sont exprimées TTC.
- Nécessite de disposer du compte de résultat prévisionnel.

Actif	Commentaires
Immobilisations brutes	• Reprise des valeurs du bilan précédent • Prise en compte des nouveaux investissements figurant dans le budget des investissements
Amortissements	• Reprise des valeurs figurant dans le bilan précédent • Adjonction des amortissements de la période considérée figurant dans le compte de résultat prévisionnels **Immobilisations brutes – Amortissements = Immobilisations nettes**
Stock de matières premières (MP)	• Variation stock MP = SI – SF aussi SF = SI – Variation • Indiquer le nouveau stock final
Stock de produits finis (PF)	• Variation stock PF = SF – SI, aussi SF = SI + Variation • Indiquer le nouveau stock final
Créances clients	Reprise des valeurs indiquées dans la colonne « solde à reporter » des encaissements sur ventes du budget de trésorerie
Disponibilités	Reprise du dernier solde final de trésorerie figurant dans le budget correspondant

Passif	Commentaires
Capitaux propres + Résultat	• Reprise des capitaux propres du bilan précédent • Reprise du résultat dégagé dans le compte de résultat prévisionnel
Dettes financières	• Nécessite de disposer des valeurs du bilan précédent, de celles relatives au budget de financement et de connaître les modalités de remboursement des emprunts présents et prévus • Ne pas oublier les intérêts courus
Dettes fournisseurs	Reprise des valeurs indiquées dans la colonne « solde à reporter » des décaissements sur achats et/ou sur immobilisations du budget de trésorerie
Dettes fiscales et sociales	Reprise des valeurs indiquées dans la colonne « solde à reporter » des décaissements sur charges sociales et fiscales

▶ Actions correctives

En cas de profond déséquilibre, l'entreprise peut:
- renoncer à un investissement ou le décaler dans le temps;
- rectifier ses politiques de ventes et d'achats mais elle dépend de la contrainte externe.

Rôles du contrôle budgétaire

- Intervient à la suite de la phase de prévision du processus budgétaire.
- Constitue une partie du contrôle de gestion.
- Permet de comparer les prévisions budgétaires aux réalisations en recherchant la cause des écarts et d'apporter des actions correctives si nécessaire.
- Participe à la mesure de la performance des centres de responsabilité : *voir fiche 20.*

Principes généraux

Écart = Coût (ou prix) réel constaté – Coût (ou prix) prévu

- Nécessite de connaître les prix réels et de disposer de la fiche de coût préétabli du produit; *voir fiche 15.*
- Causes principales des écarts : la variation des quantités et des coûts (ou prix).

Conventions d'abréviations

Q	Quantités vendues
M	Marge unitaire sur coût préétabli
P	Prix de vente unitaire
cup	Coût complet unitaire préétabli (coût standard ou prévisionnel)
cur	Coût complet unitaire réel
Ar	Activité réelle
Ap	Activité préétablie pour la production réelle
cvup	Charges variables unitaires préétablies (*cf* budget flexible)
CFGp	Charges fixes globales préétablies (*cf* budget flexible)
r et p	Désignent réel et prévu

Écart sur marge

- Permet de mesurer la performance des services commerciaux.
- Définition : marge sur coût préétabli réelle – marge sur coût préétabli prévue

Écart sur marge globale	**(Mr × Qr) – (Mp × Qp)** ou : **[(Pr – cup) × Qr] – [(Pp – cup) × Qp]**
Décomposition	• Écart sur marge unitaire = **(Mr – Mp) × Qr** Si > 0 : cela traduit une augmentation de P et inversement si < 0 ⇒ Nécessite de connaître la situation stratégique et concurrentielle • Écart sur quantité (ou volume) = **(Qr – Qp) × Mp** Si > 0 : écart favorable car Qr > Qp et inversement si < 0 ⇒ Lié à la variation du volume des ventes

Écarts sur charges directes

- Permet de mesurer la performance des services de production.
- Un écart positif est défavorable (def) : il traduit une augmentation par rapport à la prévision (surconsommation en quantités, en HMOD ou augmentation des coûts).
- Un écart négatif est favorable (fav) : il traduit une diminution par rapport à la prévision.
- Regroupent principalement le calcul d'écarts sur matières et sur MOD.

Écart sur matières

Écart global	**(Qr × cur) – (Qp × cup)**
Décomposition	• Écart sur quantité = **(Qr – Qp) × cup** • Écart sur coût = **(cur – cup) × Qr**

Écart sur MOD

Écart global	**(Qr × cur) – (Qp × cup)**
Décomposition	• Écart sur temps = (Qr – Qp) × cup • Écart sur coût horaire = (cur – cup) × Qr

Écarts sur charges indirectes (ou sur centres d'analyse)

- Traitement différent des charges directes car les charges indirectes contiennent une partie fixe et une partie variable.
- Suppose de disposer du budget flexible de chaque centre d'analyse : *voir fiche 15.*
- Nécessite de déterminer Ar et Ap constatées pour un centre d'analyse au cours d'une période donnée.
- Ne pas confondre production (exprimée en nombre de produits) et activité (exprimée en unités d'œuvre).
- Calcul d'écarts à mener centre par centre.
- Les écarts doivent être négatifs pour être favorables.
- Modalités de calcul : *voir page suivante.*

Limites du contrôle budgétaire

- Analyse *a posteriori* ne facilitant pas la réactivité de l'entreprise.
- Dépend aussi du mode d'élaboration des coûts préétablis.
- Analyse en termes quantitatifs et non qualitatifs.
- Son utilisation seule pour mesurer la performance est peu efficace : elle est souvent combinée à d'autres outils ; *voir fiche 20.*

Écart global sur charges indirectes	**Coût réel** – ***Coût préétabli de l'activité préétablie pour la production réelle*** Soit : (Ar × cur) – (Ap × cup) Avec Ar = production réelle × qtés d'UO réelles et Ap = production réelle × qtés d'UO préétablies
= **Écart sur budget ou sur coût**	**Coût réel** – ***Coût budgété de l'activité réelle*** Soit : (Ar × CUr) – [(cvup × Ar) + CFGp] Mesure une augmentation des dépenses (E > 0 def) ou une diminution (E < 0 fav) Requiert l'analyse des données externes et internes (prix, salaires, politique de négociation…)
+ **Écart sur activité ou sur imputation des charges fixes**	**Coût budgété de l'activité réelle** – ***Coût préétabli de l'activité réelle*** Soit : [(cvup × Ar) + CFGp] – (Ar × cup) Mesure une sous-activité avec une insuffisance d'absorption des CF (E > 0 def) ou une suractivité (E < 0 fav) Requiert l'analyse des contraintes externes et internes (marché, volume des CF, productivité…)
+ **Écart sur rendement**	**Coût préétabli de l'activité réelle** – ***Coût préétabli de l'activité préétablie pour la production réelle*** Soit : (Ar – Ap) × cup Mesure une augmentation d'UO consommée par rapport à la prévision (E > 0 def) ou une économie (E < 0 fav) Requiert l'analyse des services opérationnels en termes d'organisation et de management

20 LA PERFORMANCE PAR LE PILOTAGE À COURT TERME

▶ Le tableau de bord

Définition	• Ensemble d'indicateurs regroupés en tableaux, graphiques, schémas… • Outil d'information et de pilotage de la performance pour le manager d'un centre de responsabilité sur: – l'état du système qu'il pilote; – le degré de réalisation de ses objectifs par rapport aux contraintes. • Permet la prise de décisions en temps réel en cas de déviances
Principes de construction ***Sur le fond***	• Identifier les centres de responsabilité • Fixer les objectifs clés de chaque centre et identifier les facteurs de succès • Définir parallèlement des indicateurs de suivi économiques, physiques et humains Les indicateurs doivent permettre de mesurer la performance par la réalisation des objectifs (efficacité) et les moyens mis en œuvre pour y parvenir (efficience) • Déterminer des valeurs cibles pour chaque indicateur grâce aux comptabilités financière et de gestion • Privilégier des indicateurs accessibles et rapidement évaluables • Comparer les valeurs cibles aux valeurs observées
Principes de construction ***Sur la forme***	• Présentation claire, aérée et lisible • Plusieurs formats possibles pour les indicateurs: taux, ratio, dénombrement, échelle de note, valeur… • Périodicité quotidienne à mensuelle
Utilisations	• Un tableau de bord dédié pour chaque centre de responsabilité identifié tel que: – commercial; – production; – recherche et développement; – achats; – logistique et approvisionnements; – service après-vente; – ressources humaines; – informatique; – direction générale…

▶ Modèles de tableau de bord

Tableau de bord: Service après-vente	**Période: mars N**		
Indicateurs	**VC**	**VO**	**Comm.**
• **Économiques:** – chiffre d'affaires du service; – coût moyen d'une intervention… • **Physiques:** – nombre de retours produits; – % de réparations dans le CA; – temps moyen de réparation… • **Humains:** – effectifs; – taux d'utilisation des techniciens…			

VC: valeur cible • VO: valeur observée • Comm.: commentaires

Tableau de bord : Direction générale	Période : mai N		
Indicateurs	**VC**	**VO**	**Comm.**
• **Économiques :** – chiffre d'affaires ; – marge brute ; – parts de marché ; – éléments du budget des frais généraux ; – éléments du budget de trésorerie ; – rentabilité des capitaux investis… • **Physiques :** – quantités vendues ; – indice de satisfaction clientèle ; – carnet de commande ; – délais de livraison… • **Humains :** – effectifs ; – taux d'absentéisme…			

▶ Les prix de cession internes (PCI)

• Concernent les entreprises décentralisées (groupes de sociétés ou entreprises avec plusieurs établissements) dans lesquelles les échanges se font sur la base d'une relation client-fournisseur.

• Les échanges sont valorisés selon **un prix de vente à usage interne appelé PCI**.

• Leur mode de calcul est important car il conditionne le résultat des unités et peut, en cas de mauvaise définition, entraîner des effets pervers (exemple : s'approvisionner à l'extérieur alors que cela n'est pas prévu au lieu de le faire en interne auprès d'une autre entité du groupe).

• Plusieurs méthodes de fixation du PCI sont possibles selon les objectifs définis par la direction :

1	À partir du coût (coût réel complet, coût préétabli complet, coût variable…)
2	À partir du prix du marché
3	Par combinaison des méthodes 1 et 2
4	Par adjonction d'une marge aux méthodes 1, 2 ou 3

• Permettent de mesurer la performance des unités, de faire baisser les coûts et de motiver les responsables.

▶ La remontée des comptes (*reporting*)

• Se pratique dans les entités décentralisées.

• Permet de faire remonter des informations à caractère majoritairement financier (chiffre d'affaires, marges, résultat, trésorerie…) vers la direction générale ou la tête de groupe.

• La transmission des informations peut s'accompagner d'éléments issus des tableaux de bord (ex : pourcentage de réalisation du chiffre d'affaires, de la marge, du résultat).

• Périodicité souvent mensuelle.

21 LA PERFORMANCE PAR LE RECOURS AU MARCHÉ : LES COÛTS CIBLES

▶ Définition

- Sont appelés également *target costing*.
- Constituent une autre méthode de détermination du coût d'un produit :

Coût cible = Prix de vente – Profit

- S'appuient sur l'ensemble du cycle de vie du produit et particulièrement les coûts induits dès la conception.
- Suivent une méthodologie précise d'obtention.

▶ Méthodologie

Fixation du prix de vente par le service commercial
• Par détermination du prix psychologique (prix que les consommateurs sont prêts à payer)
• En fonction de la concurrence

↓

Fixation de la marge cible par la direction générale

↓

Détermination du coût cible par les ingénieurs et le service comptable

↓

Estimation du coût « réel » du produit

↓

Ajustement entre le coût cible et le coût « réel »
• Par diminution régulière des coûts (effet d'apprentissage, effet d'expérience...) tout au long du cycle de vie du produit
• Par la réduction des fonctionnalités du produit (étude des besoins du client)
• Grâce à l'analyse de la valeur : *voir fiche 9*

▶ Intérêts (utilisations possibles)

- Avec de nouveaux produits.
- En cas de difficultés de l'entreprise pour permettre une baisse des coûts.

83385 - (I) - OSB 80 - P186U - PCA - NRI
Imprimerie CHIRAT - 42540 Saint-Just-la-Pendue
Dépôt légal : février 2022
Imprimé en France